EL SUCESIVO ALIENTO

Fernando Peris

EL SUCESIVO ALIENTO

© Fernando Peris Bonet
© Introducción: J. R. Barat
© de esta edición: Olé Libros, 2024

ISBN: 978-84-10053-37-3
Depósito legal: V-2365-2024
Impreso en España

KALOSINI, S. L.
Grupo editorial olélibros
equipo@olelibros.com
www.olelibros.com

*A mis padres, Emilia Bonet Carrascosa
y Fernando Peris Belenguer. Ellos vivieron
en la precariedad y se sacrificaron por sus hijos.*

*A Bertrand Russell cuando recordaba, con dolor,
a quienes están privados de las cosas gratas de la vida.*

*A Manuel Sacristán Luzón por su pensamiento,
compromiso y generosidad. De él aprendí mi concepción del mundo.*

Las noches y los mares nos apartan,
las modificaciones seculares,
los climas, los imperios y las sangres,
pero nos une indescifrablemente
el misterioso amor a las palabras,
este hábito de sones y de símbolos.

JORGE LUIS BORGES

La gente se equivoca. Es mucho más sencillo andar
por los extremos que nos sirven de límite, freno y
guía, que por el camino del centro, ancho y abierto.

MICHEL DE MONTAIGNE

INTRODUCCIÓN

SOBRE EL POLVO SIN DUELO

La poesía de Fernando Peris

Estimado lector que paseas distraídamente tus ojos por estas líneas: ten por cierto que este no es uno más de los muchos compendios de versos que pueblan las estanterías de las librerías. Lo que tienes en tus manos es el resultado de una lenta y sosegada destilación.

La obra poética de Fernando Peris merece una lectura atenta. Si tal haces, no tardarás en sentirte cómplice de una propuesta honda y verdadera.

El sucesivo aliento se convierte, desde la primera hasta la última página, en el testimonio de un hombre que contempla serenamente el crepúsculo, hace balance, mira atrás, suspira y reflexiona. Con palabras sencillas y profundas deja constancia de una existencia azotada por el viento y la lluvia de los días.

De la mano de Borges y Montaigne accedemos al vestíbulo del edificio literario: el Libro Primero. En esta parte inicial hallaremos las razones para la celebración y el gozo, pero también los motivos que conducen a la resignada aceptación de las limitaciones de todo ser humano. Las palabras nos acompañan fielmente en nuestro caminar y nos ayudan a expresar lo que sentimos o pensamos. Con ellas captamos la hermosura del mundo, nos regocijamos en los momentos de esplendor, pero también nos sirven para anclar la memoria o poner nombre a las tribulaciones cotidianas.

De esa forma sutil, el poeta medita sobre la belleza de una bailarina que se mueve al compás del aire, sobre la relación entre el mar y el amor, «un verde azul / de mar, como tus ojos», sobre la intensidad con que la luz del día desciende sobre el corazón humano, atrapado bajo la telaraña del «exultante sol de la mañana» porque el hombre consciente de su fragilidad no ignora que, a pesar de que la sombra siempre nos persigue, «de la serenidad nos llega el canto» y que solo en la aceptación de lo irremediable radica la verdad del existir.

La meditación moral sobre la existencia y las relaciones humanas con el mundo forman parte esencial de todo el poemario. Ya desde las primeras composiciones advertimos una dicotomía de raíz filosófica que se establece entre espíritu y materia, entre naturaleza y sociedad. Citemos, por ejemplo, los poemas «Romance del bosque» y «La ciudad». Abundan los versos que cantan la comunión del hombre con la madre tierra, en una exaltación de lo telúrico, como también los que celebran los logros artísticos y culturales de la civilización. En cualquiera de los poemas de este capítulo nos enfrentamos a «la arena de la vida y de la muerte, / el infinito / que nos habita y forma espacios».

Fernando Peris contempla la ingente labor de la humanidad, su interminable búsqueda de trascendencia. Se siente peregrino de la Luz en medio de la Oscuridad. De esa calmada mirada, entre piadosa y perpleja, brotan poemas de una intensidad lírica conmovedora, poemas en los que el autor se pregunta «¿cómo unir las rutinas, las reglas y el azul?», ¿de qué manera acceder a los entresijos de la Totalidad o la Belleza...?, ¿con qué herramientas labrar la lágrima y el fuego, las armas con las que nos enfrentamos a nuestra insondable pequeñez?

Posiblemente el hombre se comporta como un moderno Prometeo, que ha heredado o robado el fuego a los dioses, en un ansia perpetua de inmortalidad, creyendo que «nunca hubiera de terminar la luz». La palabra de Peris adquiere en ocasiones tonalidad de sortilegio. En otras, se inclina hacia lo simbólico. Tal es el caso de vocablos como *asfalto, lluvia, mar* o *azul*. En ocasiones, la palabra poética roza la revelación «bajo la sombra austera de la luz». En esos balbuceos de lo inefable, pues no otra cosa es la aventura poética de Fernando Peris, se nos invita a reflexionar sobre nuestro fugaz devenir: «Somos forma, palabra, tiempo, / signo bajo esa infinitud evanescente».

El Libro Segundo es un homenaje al AMOR, con mayúsculas, el verdadero móvil del acontecer humano. De sobrecogedor puede calificarse el primer poema, «El mar», en el que se mezclan y confunden las dos sustancias que anidan en el alma del sujeto: mar y mujer, eternidad y amor, el «abismo insondable» de lo que bulle en el corazón.

Recuerdos, besos, caricias, cinturas, manos... Como el propio poeta nos dice en uno de sus poemas, la memoria está anclada a «la ciega voluntad de los sentidos», esa espiral sin un porqué que nos arrastra y nos confunde, pero que justifica nuestro existir en medio de la nada. Y en esa vorágine sensual, nuestro autor se comporta a la manera del maestro Garcilaso de la Vega, que convierte las dulces prendas del corazón («oh dulces prendas por mi mal halladas») en materia redentora y trascendente, cuando afirma: «la conmoción que guardo ante la vida / y el amor infinito que te tengo».

De esa pasión arrebatada, la del amor garcilasiano, surgen poemas de una hondura estremecedora. «Hablándote sin fin» o «La pasión fértil» nos trasladan a un escenario de orden espiritual, erótico en su amplio sentido, que hace vibrar nuestras fibras más íntimas. El poeta se desnuda por completo bajo «la noche de los signos» para hacernos partícipes de su dolorido sentir, al afirmar rotundamente que habita en «selvas de negrura».

Es imprescindible hablar de la influencia nerudiana en la obra de Fernando Peris. Recorre estos versos un sentimiento panteísta y telúrico, de amor sin condiciones, de raíz oceánica. Sirva como ejemplo el magnífico poema «El verde y el amor en la alameda», composición en la que naturaleza y amor se funden en una especie de égloga (otra vez Garcilaso) de una textura poética deliciosa.

La reflexión ética sobre el paso del tiempo y la fugacidad de las cosas se intercala de manera sutil y elegante en todos los poemas, incluidos los de corte amoroso. La serenidad para aceptar el destino, siempre adverso, y la ternura con la que evocamos los recuerdos de la persona amada se complementan en imágenes y metáforas de una fuerza singular. Así, el autor refrena a duras penas la nostalgia al evocar «la tormenta de amor en que temblabas». Cerramos los ojos. Recordamos con el corazón encogido. El verso escapa como un suspiro: «Raíces en el barro, verdes hojas / lamiendo el aire puro de la noche».

La emoción amorosa se plasma en versos de una belleza sustancial:

«Escribiré tu nombre sobre el tiempo,
lo escribiré en el agua y en las rocas
y en las sombras oscuras de la tarde,
y sobre el aire en días luminosos».

Uno de los poemas capitales del conjunto se encuentra aquí, en este Libro Segundo. Es el titulado «La permanente ausencia», dedicado a la amada *in memoriam* y prologado por unos reveladores versos de Jaime Siles: «Tu sombra me dio luz».

El dolor por la pérdida no admite paliativos. Fernando Peris lo deja escrito con una contundencia lírica irrebatible: «¡Oscuridad y ausencia, el polvo y los enigmas!, / todo cuanto pervive en ti, después de ti».

No puede decirse más con tan pocas palabras.

El Libro Tercero es un compendio de composiciones que responden a estímulos diversos. El verano, el lento transcurrir de los días («la carcoma del tiempo»), el sentimiento diario de la pérdida paulatina de todo lo que forma nuestra vida, el vértigo de enfrentarnos a «la nada y la totalidad»... Pero todas estas reflexiones no están carentes de un componente moral, de un matiz metafísico que el lector agradece. «No es posible gozar si no hay carencia». La existencia es paradójica. Por esa razón, «Lo concreto, si existe y es finito, / es por lo ilimitado que lo abarca y contiene».

La vida, la muerte. La conciencia de la finitud. La poesía de Fernando Peris alcanza en este tramo del libro una madurez filosófica innegable. Subrayamos versos sin tregua, en un deseo de aprehender la hondura de muchas de sus meditaciones. «Se descubre el dolor de ser persona, / la mezcla de la espuma con el barro».

El poeta aprovecha para rendir un homenaje también al ser humano. A los hombres y mujeres que nos precedieron en el tiempo. Todos formamos ese tapiz que pintaron el Bosco o Dante. Todos somos los árboles de ese bosque al que se refería Buero Vallejo. «Bosques / de los concretos infinitos que componen la vida». Y ese es un argumento, el de la solidaridad humana, que conmueve a nuestro autor. El verso se vuelve transparente. La materia y el espíritu se confunden en una sustancia que es efervescencia lírica. Recreándose en una idea de T. S. Eliot, Peris afirma:

«Y en la voz de la espuma y de las olas,
sobre su abismo estremecido,
la vibración del aire y la palabra,
todo el caudal de la existencia.

En la materia están la infinitud y el límite,
los espacios huidizos y el acre olor a vida,
y en este breve lapso cruzado por los sueños
el ocaso soñado entre nacer y muerte».

Como corolario a tanta divagación amorosa, Peris lanza su veredicto: «el canto del amor rescata el universo».

A su manera lo dijo también el poeta latino Virgilio: *Amor omnia vincit.*

El Libro Cuarto rinde un homenaje al ARTE. Pero la visión poética que Fernando Peris nos ofrece de esta disciplina no se nos plantea al margen de otras actividades humanas. El Arte es una expresión de lo inenarrable que anida en el corazón humano. Una manifestación espiritual. Una manera de rebelarse contra el destino, la muerte y el olvido. De ahí, el componente moral y metafísico de estas reflexiones: «la pugna del hombre por la vida» dentro de una batalla que puede plantearse de otro modo: «en una nada que lo es todo».

Picasso, Velázquez, Ribera, Murillo, Caravaggio, Giacometti, Vermeer, Degas... Un paseo por el amor y la muerte (recordando a John Huston) de la mano de algunos maestros que trataron con sus obras de inmortalizar lo mortal. Dicho de otro modo, el autor nos habla de la necesidad de trascendencia. De ese sentimiento al que bautiza como «La muerte redimida por el arte».

En definitiva, todo es efímero, banal. La vida es un saqueo continuo, como aseguraba Francisco de Quevedo. Y lo que persigue la poesía (o el ARTE con mayúscula) no es sino un intento de retrasar lo inevitable. Llegados a este punto, reconocemos que la nuestra es una batalla perdida de antemano.

Aceptemos las reglas del juego. Esa es la lección que se desprende después de leer estos versos. Unos versos que constituyen, como decíamos al principio, el testimonio (o testamento vital) de un hombre que contempla con fascinación y serenidad lo que la vida le ha ofrecido y le ofrece, mientras espera la nave machadiana que nunca ha de tornar.

Entre tanto, lector, disfruta de unos poemas llenos de vida, de amor y de honestidad. *El sucesivo aliento* es uno de esos libros que iluminan a todo aquel que lo lee. Una obra nacida del corazón y construida con inteligencia poética.

J. R. BARAT
13 MAYO DE 2024

LIBRO PRIMERO:
DE LA CELEBRACIÓN
Y LA CARENCIA

I.

SALUDO A LA PALABRA

LLUEVEN PALABRAS

El arte de vivir será el de siempre.
La lluvia de vivir no cambiará [...].
Somos gente que llueve.

CARLOS MARZAL

Llovieron las palabras tanto tiempo
que formaron linajes y deseos.
Palabras con olvido, recordadas,
entendibles o herméticas, cercanas.

Mucha pasión trajeron con su brillo,
en desgarros, saberes y albedrío;
y hubo lluvia copiosa y asentada
que nunca separó tormenta y calma.

Cuánto dolor, placer, nieblas y lluvia
desde su propia luz buscan mesura;
e infames o benévolas, palabras,
traen nombre a cuanto existe y nos amparan.

Sedente cada voz en su regazo
y con ella vestidos sus hallazgos,
trasiego y hago mía la palabra,
la yergo, la establezco en su substancia.

Llega el viento y el agua gruesa o fina,
las palabras que llueven cada día.
Están aquí, sostienen o separan,
forman un mar, permean, nos abarcan.

Lo que nos hace magnos, generosos,
lo que logra apartarnos de lo sórdido
flota pleno y posible entre las aguas
de este incierto llover de las palabras.

II.

BELLEZA Y PLENITUD

LA MUCHACHA Y EL AIRE

Dentro de ti la sal,
la transparencia,
el agua se repiten:
la multitud del mar
lava tu vida [...].

PABLO NERUDA

Andaba la muchacha sobre el aire y no sabía
dónde estaba la gracia, dónde la sutileza,
si en el instante breve de la brisa
o en ella.

Nunca más la belleza y los pasos de la vida
volverían a unirse de esa suerte,
ingrávidos e intactos y en su dicha.
    Nunca más sobre el fuego, la forja y las especies,
    la plenitud del tiempo alumbraría
todo el caudal del gozo y la intemperie.

Aunque tal vez mañana
la belleza más pura construya su constancia,
halle más persistente la esencia de los días,
la multitud del mar, su arena blanca
y traiga la fragancia de la vida.
    Tal vez llegue un momento único
    de belleza inocente que germina,
y pueda derramarse sobre el mundo.

TU INCIERTA EXACTITUD

Hay caminos sin fin sobre la arena blanca, olas
que se suavizan cuando besan el arco de tus pies,
y entre tu exactitud descalza quedan
signos de la humedad y de la espuma.
                                        Rocas
con la pintura ocre de tus labios, y un verde azul
de mar, como tus ojos, que tal vez son,
a veces,
de un negro oscurecido de azabache.

Pero el satén o tul de tu cintura
admite los colores diferentes, antepone
la fuerza de la especie, sin demandar identidad.

Burbujas, blanca arena de nuevo entre tus pies,
y cielo, orilla y mar sobre la playa inmensa; signos
de exactitud e incertidumbre
bajo este sol que abrasa y da la vida,
se expande, abre tu piel y lo celebra.
   Desde el aire
veo rocas tatuadas gris oscuro o verde amarillento
y un mar que las oculta o las descubre;
                                        llegan,
desde tus genes milenarios, palabras infinitas,

la conciencia más vasta desde la luz lograda y su liturgia;
y oigo al instinto erguirse, fiero y justo,
cuando atisba y denota tu presencia
como estirpe, mujer, sustrato,
especie.

Viene de ti
la fuerza que permite solazarse en la luz
y lleva lirios rojos a establecer la mies en tus caderas,
abarca blanca espuma, los regazos del mar
y trae la perfección del arco y de la seda.

III.
DESCUBRO LO IGNORADO, VEO LA SOMBRA

HABÍA COMPRENDIDO

Quiso lograr, saber de cuanto existe,
y el ansia del sosiego, la pasión,
el exultante sol de la mañana
siempre lo despertaron con quimeras.

Llegó a sentirse dueño de la vida,
de los ancestros que le dieron forma
dejándole su huella. Ese metal
de cuanto es fuego y barro de la especie.

Y pudo conocer ese clamor
que aboga en lo que somos, descubrir
su espíritu y materia, lo ignorado,
la luz que nos completa cada día.

Había comprendido. Deseaba
cumplir la obligación inexcusable,
los caminos que forman libertad,
la existencia y el culmen, sin quebranto.

LA INOCENCIA

Your shadow at morning striding behind you
O your shadow at evening rising to meet you;

T. S. ELIOT

Antes de ser conscientes, la inocencia,
desde esa sombra oculta que vigila.

Hay un reposo del instinto
cuando se ausenta la necesidad,
y un abismo de arena
bajo el cuaderno en blanco
de la vida.
             Cautela, viento, asombro,
recodos donde arraiga la pasión
con la bondad y la maldad intactas.

De la serenidad nos llega el canto,
el deseo que insiste y se demora
y encuentra el albedrío ante la duda.
Nos permite buscar
la parte de la luz
en la sombra que siempre nos persigue
y envuelve la inocencia.

Esa sombra, sin pausa ante la vida,
¿se apoya en el instinto del asombro?
¿Se inscribe en nuestro ser,
al bañar los sentidos?
¿Ampara la desdicha y da refugio
a la pasión y la ternura?
¿Encumbra y esclarece?

Todo un lugar de arena, canto y luz,
cuando la sombra incluye la inocencia.

LO QUE SOMOS

*A decir verdad, es razonable establecer
una gran diferencia entre las faltas que
proceden de nuestra debilidad y las que
proceden de nuestra malicia. En estas
últimas, nos alzamos deliberadamente
contra las reglas de la razón, que la
naturaleza ha impreso en nosotros.*

MICHEL DE MONTAIGNE[1]

Habla Montaigne de la razón,
como una regla impresa por la naturaleza
en lo que somos.
Aunque nadie conoce los impulsos
que albergan los instintos,
ni la sombra que abarca y modifica
las formas del deseo y la inocencia.

---

1 Montaigne, M. (1580), *Les Essais*. Cita de la edición castellana:
Acantilado, Barcelona, 2007, p. 69.

IV.
LA VIDA NACE
Y SE ESTABLECE

ROMANCE DEL BOSQUE

I

Laurel, vides silvestres, cornejos y cerezos
a la entrada del bosque. Altos y sobrios álamos
con minio de la aurora entre sus ramas; larga
la desteñida luz que atardece en los claros.

Hojas verdes que muestran la vida y su frescura,
o descienden y cubren la tierra de fracaso;
mas abonan y salvan la nueva primavera,
la del verde y el rojo, la amapola y el canto.

Todo surge en las hojas del bosque de la vida
con la sabia y nobleza de los hombres que amaron,
con la pasión extrema que salva y trae el goce
de la delicadeza, la insistencia, el cuidado.

II

Si habitas en el bosque, abre los sentimientos
y ampara la tristeza. Levanta los santuarios
que acogen y sostienen las prometidas rosas,
las que guían y salvan los caminos creados.

Construye y ama, ahonda en la espesura, mira
el terciopelo verde alzado en los geranios;
haz de sus pobres flores amapolas y acoge
la copa enfebrecida de la luna en sus fastos.

III

Toma del sotobosque esa pureza y llévala
a quienes olvidaron que su carne es un lapso
que solo se prolonga en la cultura. Súbelos
a la cima más alta del lugar más sagrado

de la aurora y el ágora. Muéstrales en su luz
la belleza del bosque. Queda, y está en sus manos,
cualquier forma de vida, cualquier eternidad
que anide sobre el suelo y el fondo de lo humano.

LA CIUDAD

A José Ignacio Peris Ortiz

La casa está parada. En la terraza
un hombre abraza a una mujer hermosa.
Pasa un obrero, un niño, una muchacha...
La realidad desborda.

BLAS DE OTERO

Asentados y unidos a la tierra
cambiamos el ahínco por sustento,
se funda ese reducto que establece
e incluye la ciudad.
                Rocas erguidas
formadas por el hombre,
túneles, fibras y ventanas,
patios de oscuridad y luz;
y el prisma y curvatura de las torres icónicas,
su permanencia
mientras descubro broza en descampados,
hendiduras,
sillares desprendidos por el tiempo.

Hallamos la pujanza en la ciudad
cuando el saber eleva los espacios,
la probidad, las mentes
y el sentimiento abraza la esperanza, forma
las lonjas de la seda o de los paños

envueltas en su gótico tardío; modos
de un tiempo que sedujo y ennobleció las mentes,
puso
sustento de las artes y esplendor.

He visto en las ciudades
almenas, edificios, altas torres
al lado de los ríos o los lagos,
los parques en su flor, la historia
en cada día.
                    Mentideros
donde los elegidos siempre aceptan
faltar a la verdad por un elogio, olvidar
el valor de la vida en cada instante, su latir
bajo el trino canoro de los pájaros.

Junto a la luz del sentimiento
y el canto a los lugares de memoria,
la falsedad disfraza y aparenta.
    Hace ahora dos siglos, en Washington Square,
colgaban por el cuello delincuentes
o pobres desvalidos.
Y por cualquier ciudad, aún encuentro lugares
con el olor a orín y la pobreza.
                    Mármol
cuidadoso y pulido, junto a la piedra erosionada,
cualquier felicidad o la fortuna
solo en su propio afán.

V.
ASFALTO, ANHELOS
Y DENUEDO

CARENCIA Y PLENITUD

A Rosa María Domínguez

I

Baja las avenidas y las calles, siente,
sobre el asfalto gris, la caída del tiempo,
sombras de los recodos de la luz;
y dentro de sus manos, suave y viva,
la pauta de su oficio.

Oye las risas, ve el color, vuelve a la vida plena;
y recuerda aquel tiempo vigoroso:
las fiestas y la música,
las muchachas con trajes y peinetas
anhelantes de un mundo por vivir; brillos
de una esperanza enardecida.

II

Le impresiona la luz, la gente anónima,
ve su desvalimiento y sencillez,
la alegría y tristeza ya olvidadas
que han quedado prendidas en su rostro. Quiere
sentir el goce,
conocer cualquier forma de dicha o de dolor.

Y en el horno atestado,
donde su instinto le conduce,
se encuentra con la vida.
Las mujeres, los niños y los hombres guardan cola,
respiran el aroma de las pastas; mientras,
junto al murmullo,
descubre confidencias, halla los sentimientos
desde la cercanía y el calor.

III

Sale del horno y le sorprende
la tersa claridad del día. Busca
cómo el aire erosiona con su empeño
lentamente las formas.

El asfalto parece, al regresar, más cierto con la luz,
y hay lascas de la piedra y el buril
junto al metal labrado, trazos
que intentan contener
la vida del murmullo y el rumor;
la forma en que se enlazan en su arte
—como llave del paso de los días—
carencia y plenitud.

SOBRE EL ASFALTO

Un instante de mente me ha creado
y de ella soy, en ti, la permanencia,
el eco, el rumor y la distancia
que ciñe, en cantidad, su cetro al limbo.

JAIME SILES

I

El pulso y la semilla
sobre la tierra abierta y fértil.
La bola roja enhiesta, en medio del azul,
desde el asfalto gris, estable, quieto,
liso,
pautado bajo el blanco de sus cebras.
Y esa pléyade incierta de los seres
que enlazan con la Luz.

Dentro de sí, los hombres y mujeres guardan
lo que los ha salvado como especie: esa
constatación indispensable de los hechos
que permite afrontar
el mundo y el trasiego; descubrir
ilimitadas manchas y horizontes,
los azules y verdes
que nos muestran el mar y las espigas,
el cielo entre las blancas dunas,
la arena de la vida y de la muerte,
el infinito
que nos habita y forma espacios, contiene lontananzas.

Todo es vida en la pausa y el impulso,
dentro del infinito de infinitos donde
se muestran cotidianas las cebras del asfalto.

Y hay hombres y mujeres que las miran,
las piensan y las sienten;
las cruzan paso a paso y gozan
del fuego y el ahínco, del denuedo,
en esta inmensidad de calles, torres,
luces
donde las gentes se humanizan,
pero no saben si es más fácil
sanar de la elegancia y de la alcurnia,
o de la oscuridad y de lo sórdido.

Siempre un brillo de luces titilantes
en las grandes ciudades cercadas por el agua,
siempre las aguas purificadoras para limpiar lo humano.

II

Con calma y vehemencia hemos forjado el fuego,
la libertad, la transcendencia, el viento y la osadía
que alcanzan universos, barren
lo mortecino en la llanura,
en las ciudades y montañas
y en cada uno de los hombres y mujeres
que cruzan estas cebras del asfalto con su vida,
sin que desaparezca la tristeza, el temor, la oquedad y la ausencia.

Siguen las dos vertientes.
La de aquellos que tienen la esperanza,
perseveran y habitan infinitos;
y la de quienes no entendieron,
ni conocen,
las diferentes fuentes de la Luz.

Nunca pudieron comprender
que su mayor tesoro era
no poder abarcar ese tesoro:
los parajes del tiempo y el espacio,
sin posible mesura; los de la sociedad,
sin sanar la elegancia ni lo indigno.

III

Siguen
las diferentes fuerzas y el enigma,
la llama oscura sobre el asfalto gris:
el fuego y la osadía y el anhelo
sin que pueda evitarse cada abismo.
Sigue
la oscuridad callada y frágil,
como el lugar inagotable del esfuerzo y la Luz:
la Libertad,
como la llama clara o sucia que duda y constituye,
se acomoda y olvida o alcanza el privilegio
de arraigar y servir y comprender.

VI.
LAS REGLAS Y EL AZAR.
LA LUZ

LO QUE SUBYACE

I

Rutinas, reglas, reglamentos, todo
lo que nos deja sin azar, sin el azul inmenso.

Cada mañana las ventanas se llenan de la luz
y los hombres secundan reglamentos, mitigan
o abandonan su relación con la Totalidad.
¿Pero qué los sostiene? ¿Por qué renuncian
al infinito azul, para sobrevivir?

Los hombres vigorosos o dañados, las muchachas,
aún gráciles y esbeltas, ante las gangas de la vida,
todos, de cualquier condición,
comparten la tristeza de sus antepasados, doman
y dominan el ánimo, y así
conforman cada regla y sus rutinas, dejan
la antigua comunión que todo unía.

Aunque,
¿por qué el progreso requiere este fracaso?,
¿dónde se apoya el yunque de las reglas?
¿En la necesidad y el sufrimiento?
¿Qué propósito alumbra y educa los impulsos
y es camino y mansión de las formas del Ser?

¡Cuánta tristeza unida a los ancestros, hasta domar el ánimo!
¡Cuánta necesidad de la Belleza,
de armonía en los cuerpos, rostros, almas!,
y así alcanzar luceros,
decenas de caminos, admitir
el Azar de la especie desde el Todo
sin romper el azul de cada día.

Cada mañana las ventanas se llenan de la luz y el infinito
rescata la utopía con sus sueños, goza
de la ilusión de la Totalidad.
Ese sueño imposible que termina
donde termina toda inteligencia
y propone un enigma en su pregunta:
¿cómo unir las rutinas, las reglas y el azul?
Porque si fuéramos tan solo lo que hacemos,
¿dónde encontrar lo que nos marca y guía?

II

Algunos hombres y mujeres gozan lo más común,
sienten las ramas verdes, acariciadas por el sol,
llevan las marcas y las guías que permiten
dominar a las reglas, formar toda armonía
y así habitar Belleza y alcanzar
los espacios creados por la luz.

Aunque otras muchas gentes
no saben de las marcas y guías del camino,
no entendieron por qué el azul y las reglas
tienen sus lindes de forma tan distinta.
   Y sin embargo,
aún es posible aunar rutinas, tolerancia,
lo exultante y el gozo; unir, en la Totalidad,
la lágrima y el fuego;
establecer,
con más sabiduría, el canon:
lo que nos da la pauta y la virtud.

III

¿Pero quiénes se arraigan en las formas del Ser?
¿Cuándo forman belleza, las estrellas, los caminos
que van hacia el azar desde el Azar?

Cada mañana las ventanas se llenan de la luz
y hay unión de rutinas con estrellas, la libertad, las reglas,
el Azar de la Ley —del Universo—, el azar inherente a cada ser.
Y hay gozo y hay tristeza, raíces y moral. Hay vida desprendida
                                        [del Azar.

CUARTETOS DE LA LUZ

I

Como si nunca hubiera de terminar la luz
el cielo insiste y crea, permanece encendida
la generosidad. *Daré el fuego —decía—,*
claridad a la sombra, hacia el norte y el sur.

Abarco las estrellas en mi envoltura azul,
y cruzo y acompaño para ver la sonrisa
de quienes aún confiados esperan, todavía,
la claridad que añade su lustre a la virtud.

II

Yo transformo la niebla en transparente tul,
cada mañana, y trazo y establezco las guías
que forman cada ser: el perfil que confina
los espacios concretos del mundo de la luz

y deja ver belleza, molicie, laxitud,
junto con la exigencia, los objetos, los días,
las formas de moral que rehúyen y olvidan
o desde su cobijo, forjan lo más común.

III

Todo cuanto es real lo define la luz.
Se instala en las ciudades, abarca sus rutinas,
vierte su claridad en la melancolía
o la pasión y observa cómo es la rectitud

o la vileza, trae, sin dejar el azur,
derramadas estrellas todavía encendidas
que miran a la noche, pero no se marchitan,
crecen en la derrota y alcanzan plenitud.

IV

Veo la vida erguirse. Sobre mis ojos, tú.
La lumbre abarcadora que desata las cintas
del amor y el corpiño, de la seda y la brisa,
como si nunca hubiera de terminar la luz.

VII.
LLUEVE LA VIDA,
SE SUCEDE EL ALIENTO

LLUVIA

Yo soy la lluvia,
estoy lloviendo aquí, sobre vosotros,
estoy lavando el mundo en estas lágrimas.

CARLOS MARZAL

Miro en el vasto cúmulo de lluvia
agua que se desliza sin estorbo
desde grietas desnudas del espacio,
recorre los caminos, cubre
las amplias avenidas y alamedas;

y un asfalto de azogue ciego y turbio
busca en su fondo gris, casi inmutable,
señales de la luz,
tintes de lluvia fina en los claros de luna.

La lluvia que aún quedó,
                              frágil e ilesa,
puede llover sin pausa entre las torres
y cambiar la ciudad sin fin ni límites,
sus olores y brillos,
la manera de ser y el pensamiento.

Llueve aroma, sabor, periódicos
que impregnan con su tinta la mañana
desde esta piel del tiempo, cada día,
sobre los charcos trémulos de gotas

y los baberos limpios
de raya azul y blanca,
almidonados,
de niños que no saben de la niebla.

Llueve lo cotidiano, el día,
la claridad más pura,
la angustia de vivir y su disfrute.
Y llueve algunas veces rabia y lágrimas
en los ojos abiertos,
sorprendidos
por la desdicha lenta de la necesidad.

Solo soy hueco, huella
y desde aquí percibo
cómo llueve en tu piel,
en la esencia de ti que no transcurre
y en la flor del espejo del agua
donde hay lluvia que fue libre e indemne.

La lluvia de lograr y de sufrir,
                                desguarnecida,
que cambia la ciudad sin fin ni límites
bajo la sombra austera de la luz.

EL PULSO DE LA VIDA

A Marta Peris Ortiz.

Después de haber llovido tantos días
—silencio, fuego y canto
de luz sobre las hojas—,
un brillo de humedad y de esperanza
descubre su vigor entre los árboles.
La emoción de vivir
sin contención
esta mañana azul, tibia y benéfica,
con las aguas del río,
al embocarse al mar,
llenas de estaño luminoso.

Trazos de azul y nácar,
que la brisa dispersa o reagrupa,
rotos por las espumas de los barcos;
remeros que practican,
barcas que se dirigen al atraque;
y las atarazanas, junto al pequeño puerto,
quietas,
sobrias en su penumbra
como un abierto espacio establecido
donde pensar la vida.

Somos forma, palabra, tiempo,
signo bajo esta infinitud evanescente
que juega con las aguas; mientras
el aire insiste y se extenúa, goza
la calma y el dolor,
al mirarse en el río
que fluye como el pulso de la vida.

LIBRO SEGUNDO:
LAS IDEAS,
EL AMOR,
EL DESEO

I.
POR TODAS PARTES
EL AMOR

EL MAR, EL MAR

I

El agua gruesa y densa
mostrando su negrura,
en la noche estrellada
de humedecidas brisas.

Los hongos micobiontes
y las cianobacterias,
la simbiosis del liquen
y el verde de las algas

sobre feraces rocas
de tonos gris oscuro
y verde amarillento.
Su brillo humedecido,

el mar,
el mar que las oculta y las descubre.

II

El blanco de la espuma
refulgiendo en la noche,
brillos tersos y suaves
hacia la madrugada.

Camino muy despacio
por el espigón firme.
A mi izquierda, las rocas,
barcos, a mi derecha;

y en el pequeño puerto,
al frío de la brisa,
la memoria discierne:
tu imagen se alza, vive

sobre aguas insondables.
Quedan, en el recuerdo,
las dos naturalezas,
la del mar y la tuya,

mecidas sobre el fondo del abismo.

III

Noches oscurecidas,
amanecer de vientos
que acercan tempestades
y estremecen las aguas;

libertad con destino,
milenios en tus genes,
el olor de la vida,
el sabor en el aire.

Siempre el viento, la audacia,
la inmensidad, su olvido
bajo la blanca espuma
que se mantiene y brilla.

Y al final del paseo,
cuando vencen las horas:
el malva, el carmesí,
la plena madrugada;

regreso caminando hacia la orilla.

IV

El manto gris oscuro
y el verde amarillento,
sobre las duras rocas,
quedan a mi derecha;

tú seduces y embargas,
ya no siento la brisa,
eres materia ausente,
verdad en la memoria.

Y un brillo humedecido
de instinto y de cordura,
abre los sentimientos
a un abismo insondable:

el mar,
el mar que te descubre y te sustenta.

RECUERDO

Descubro en mi recuerdo
el azul vespertino de las tardes de junio,
las plazas seculares, solitarias
absortas en sus pórticos,
   los sillares
labrados por el hombre
y un velador,
manchado por el tiempo
— florecido de absenta—,
donde pongo mis manos y te escucho.

Nada puede borrar el testimonio
de tu encaje y crespón
en las noches templadas,
del universo inscrito en la ciudad antigua
cercano a tu persona.

Un tiempo cenital,
más allá del amor,
que forma la armonía permanente
de los cuerpos,
permite, alza la voz, lleva en sus alas
la ciega voluntad de los sentidos
al formar la Belleza en tu belleza.
   Dispone y trae memoria
de la pasión y el paso de los días.

TU CINTURA

He pasado las noches y los días
de la ciudad antigua, en soledad,
lejos de tu cintura,
y he visto su gramática
de piedra ennoblecida por el tiempo;
    su discurso
cuando habla de las artes
que la forman y habitan
y deja los espacios para que los redimas tú.

Desciendo hasta las calles ya olvidadas
donde siempre buscaba tu cintura
para volver a ser,
y llego hasta las noches que te incluyen,
prendido de tu mano,
para sentir tu piel, saberte en tu materia
sobre este duro suelo de los siglos
que todo lo permite y atenúa.

Entre las piedras y los muros
de estas calles sin nombre,
llenas de permanencia,
he vuelto a descubrirte
en esta inacabada juventud

que ilumina la vida ante su ocaso
y alumbra el esplendor,
   conoce tu belleza finita e infinita
asentada en tu carne, en mis anhelos,
y recuerda que nada en el presente,
ni en el tiempo pasado o el futuro,
podría ser sin ti.
   Sin sentir y aguardar
esa firmeza suave,
la abundancia
que proponen tu cuerpo y tu cintura.

II.

EN EL AMOR POR TI

TUS MANOS

No lo había previsto,
pero me escondo en medio del secreto
y aprendo de memoria las palmas de tus manos.
Las mismas que aún conservan el color rosa leve
de tu primera juventud.

Los signos y la forma de tus manos
muestran su suave perfección.
Pude verlas anoche, mientras cenamos juntos,
y te hablé de mil cosas sin sentido
con un único fin:
                    poder mirarte y ver,
debajo de tus manos y tus días,
los racimos intactos, transparentes,
que aún guardas y conservas.

Los ojos inexpertos no conocen
tu constancia en el tiempo ni sus frutos,
no encuentran la mirada
sobre aquella distinta, intensa juventud,
ni sobre el rosa leve que yo ahora redescubro
y pongo en mi memoria.

Quiero sentir tu permanencia, ser
el delicado rosa limpio
que se agita en el aire cuando hablas y esperar,
verte añadir el tiempo cada día.

LAS PRENDAS QUE ATESORO TE DARÉ

Cuanto tengo confieso yo deberos;
por vos nací, por vos tengo la vida,
por vos he de morir y por vos muero.

GARCILASO DE LA VEGA

I

Mis sentidos actúan por su cuenta
—las sensaciones mandan—,
y la razón pondera, mira, escruta,
construye el inventario de las cosas.

Entre tu influjo y luz,
llena de tus ancestros palpitando,
no te apartes de mí, no me abandones.
Ayúdame a nacer,
              que aún no he nacido,
y te daré las prendas que atesoro:
toda la inteligencia y el sentir,
la conmoción que guardo ante la vida
y el amor infinito que te tengo.

Espérame genuina, tolerante,
segura de que estás y me rescatas.
Para nacer requiero de tu gozo
—los besos que no diste—,
la piel de tu frontera transparente
y el aura de tu voz.
                    Dejar mi mismidad
y encontrarte cercana, sustantiva.

Todo es un equilibrio, ya lo sé,
es preciso admitir que eres *lo otro*.
Pero no sé qué ocurre en mis instintos
que olvido tu camino y sus maneras.

Quiero dejar mi frente entre tus manos,
adorar los espacios de tu cuerpo
y dejar que se fundan en tu carne
la inteligencia y el pensar,
la concepción del mundo,
la vida que se esparce y se renueva
como en la tierra fértil.

II

Que las ideas nazcan de tu piel,
del amor que alimenta el intelecto
y hace posible —incluye—
la construcción completa de la vida.

Una pasión que expande y se extenúa
y hace llegar, alcanza hasta el sosiego,
nos transforma.

Solo podemos *ser* con otro ser
—la humanidad ineludible—
y tú estás siempre ahí,
mostrando esa belleza que no acaba,
que nunca volverá
ni habrá nadie que sienta y que la vea como yo.

Ocurra lo que ocurra,
descubriré galaxias allí donde te encuentres,
y en la protuberancia de tus labios
la humedad que resbala hacia la vida.

Así, de esta manera, el ser volverá al Ser,
volveré a descubrirte
—todo empieza de nuevo—.
La vida con la vida, la pasión
mientras el universo lo sustente.

III.

EN LA PASIÓN POR TI

HABLÁNDOTE SIN FIN

Serenidad,
limpieza en tu mirada
de noches cenitales,
espacios infinitos en tus ojos.

Y más allá del iris, tú,
calma, consciencia, culmen
que abraza inteligencia y cuerpo.

La materia y su impulso
mientras te hablo sin fin,
en las noches templadas,
al tañer centenario de las horas.

Descubro en ti la niña
—su existencia y materia, la firmeza
que fluye y la sostiene,
sus razones—,
los milenios que forman tu textura.

Quiero estar en tu cuerpo, sí, en tu cuerpo,
interpretar
la ciega voluntad de tus caderas, ver
la noche de los signos, qué respuestas
nos descubre tu gracia establecida.

Ellas son
en los días templados, cada noche,
la razón constructora, el universo.

LA PASIÓN FÉRTIL

Si encuentro los espacios de tu cuerpo,
los milenios que habitan en tus genes
me llevan hasta el fondo de ti misma.
   Traen hasta mí
el olor de la savia, los sabores
del aire que respiras; y hay un perfil desnudo,
ancestral y salvaje, que guarda en el pasado
tus raíces.

He vuelto a descubrirte, entre el mar y la noche,
y sé que nada puede postergarte.
   Solo en ti existen
las selvas de negrura que yo habito,
el pelo áspero y negro que ensortija
y oculta sortilegios,
                              carne
que abraza la materia de tus huesos
y es puente que transporta mis pasiones
volviéndolas ternura.

Aún estoy vivo y quiero
verte en la roca negra junto al mar,
en la naturaleza clara de la brisa
y bajo los magnolios de hojas verdes
con galones dorados.
                                Sé
que es en tu piel donde se forman mis ideas,
el amor que alimenta el intelecto
y hace posible, incluye,
la construcción completa de la vida.
    Busco,
junto al genuino afecto que me diste,
la pasión que se expande y se extenúa
y alcanza hasta el sosiego,
                                nos transforma.

IV.

DE LAS IDEAS Y EL AMOR

LAS FLORES DEL INSTINTO

Que esto que algunos dicen que no es nada,
esto es todo: vivir, estar despiertos,
recorrer los andamios de la tierra
cual si esto fuera nuestro para siempre.

JUAN GIL-ALBERT

I

¡Que florezca la vida
y el instinto sostenga!,
        esa es la máxima.
Pero nos escondemos del dolor
—ese cerco tenaz, ineludible—
mediante la pasión que busca
lo que quiere exclusivo y solo propio.
    Forma
su modo de felicidad
con el impulso que establece
su relación con la belleza y la armonía;
aunque, tal vez,
por sendas donde el mal prospera.

II

Tú eres la primera de las flores
del instinto, si el azahar
colma las calles y las plazas y los patios
en el atardecer, y mueve los deseos
hacia su permanencia.
              Veo en ti
a la munificencia que permite
atenuar el dolor, gozo y placer,
un tiempo nuevo
en el que prevaleces tú.

III

Mas la ambición insiste
y orienta la conducta:
limita la equidad en la armonía,
prefiere
las flores menos puras del instinto.
          Sombras
del tráfico moral que nos sustenta
y construye emociones y propósitos.
Flores diversas, para cada
ambición,
llenas de la penumbra que mitiga
lo que turba del mal o la virtud.

EL VERDE Y EL AMOR EN LA ALAMEDA

A Martina Menguzzato Boulard

Porque tú eres mi ruta. Te forjé en lucha viva.
De mi pelea oscura contra mí mismo, fuiste.
Tienes de mí ese sello de avidez no saciada.

PABLO NERUDA

I

Doy las gracias al árbol y a su mirada inmóvil
cuando escribe y anota, en su esbelta figura
—tal vez en su corteza—, un acta arborecida.
En ella muestro y canto, y la arboleda escucha:

¡Árbol que resplandeces en la extensa alameda,
que contemplas el verde a la luz de la luna!
¡Dile palabras ciertas a la mujer que amo,
vístemela de verde, haz esta noche suya!

II

Cien testigos de verde y entorchados dorados
miran si me extravío cuando ando por la bruma;
mientras ella, ante el árbol, busca, discierne, piensa
—lo medita y escribe—: *Él ama mi cintura.*

III

Dejadme que me pierda sobre este mar de verde,
sobre el verde dorado que sostiene y acuna;
permitidme sentirla cuando la lleva el viento,
el soplo que le alcanza y despierta mi hondura.

Bajo el magnolio inmenso que otea la alameda
todo es festejo y gozo, fragancia sin renuncia,
y en su boca y sus labios —la cesta de sus besos—
encuentro las promesas que forman mi ventura.

IV

¡Ser más allá del verde, del magnolio y sus hojas!,
¡ser vida ennoblecida, sin ambages, desnuda!
Incluso sin el verde, habrá cestas doradas;
aunque el viento se amaine, osadía y fortuna.

Árbol que resplandeces como astro vespertino,
¡vístemela de verde!, ¡ayúdala en su ruta!
¡Oh, Gea, si tú abarcas del magnolio a la rosa,
al sustentar el verde das amor, das cordura!

¿ERES MATERIA O POLVO AMANECIDO?

I

Cuando tus ojos muestran la intención,
sus emociones más sinceras
—colores infinitos verde y gris,
amarillo o ceniza—, ¿son materia?

Da igual si eres materia o polvo amanecido.
¿Quién ha podido hacer —pienso, medito—
la efigie, la dureza y la blandura
que conforman y abarcan tu cintura?

II

¿Con qué cincel se formaron tus labios,
su brillo humedecido que resbala
interminable hacia la vida? Yo conozco
la tormenta de amor en que temblabas,

lugares de la senda y de la brisa
donde el viento te habló —y yo escuchaba—
palabras diferentes, sentimientos
que me constituyeron y acompañan.

III

Si encuentro en ti serenidad y vehemencia,
tú redimes los patios de la tierra, das
su seguro consuelo a los deseos, eres
materia con destino y voluntad.

En el ser y el sentir todo son formas
del polvo amanecido y sus raíces,
de silencios que buscan el espacio donde, tal vez,
está lo deseado y discernible.

IV

Raíces en el barro, verdes hojas
lamiendo el aire puro de la noche;
regueros de emoción estremecida, los lugares
del suelo y el origen de tu nombre.

Da igual cual sea el nombre que te asignen
—de polvo o de materia,
o polvo amanecido—. ¿Puso el cincel en ti,
en tu barro y tu suelo, transcendencia?

V.
EN EL RECUERDO
DEL AMOR

EN TU CIUDAD

Quería los detalles, el latido
y la respiración de la ciudad.
Medir esa elegancia austera y sobria
que recorre París
                y conocer,
en medio de su luz, entre sus gentes
y sus días, lo más común del hombre,
   sus rutinas,
o lo que la imaginación aporta
al formar sentimientos: los anhelos
que alejan el dolor.

Esta ciudad te pertenece,
y al andar por sus calles aún percibo
huellas de tu existencia en los lugares
que no has abandonado todavía.
   Por eso los abarco
con cuidado, detengo la mirada
en su belleza, pienso
que solo esta ciudad
contiene los caminos
donde encontrar el gozo.

    Ellos hacen
sencillo el sentimiento, alcanzan
con su luz los lugares donde
tal vez
se encuentra la felicidad.

Te pienso cada día cuando miro
las aguas siempre suaves en el Sena,
o cuando estoy absorto con Degas.
Y pienso en ti en las calles
                          cuando quiero
sentir esta ciudad, saber cómo respira,
bajo estos días luminosos,
entre los bulevares y suburbios cercanos
a cuanto significas tú.

CANCIÓN BRISA

Eres la media noche: la sombra culminante
donde culmina el sueño, donde el amor culmina.

MIGUEL HERNÁNDEZ

Vi la ropa tendida en la azotea
y supe que eras tú.
                    Tus manos,
por ensalmo, llevándonos al orden
preciso de las cosas sin el cual
nada podría ser: ni el tráfico constante
de la vida, ni el logro y el sosiego.

Cuando volvías tarde del trabajo
aún encontraba en ti
afecto y certidumbre.
                    Subíamos
al fresco de la noche, a recoger
la ropa, y desde la azotea
veíamos los puentes, la ciudad,
el brillo de las luces en sus zonas
oscuras, el peligro.

Hasta que transcurrido el tiempo
bajo este cielo solitario, inmóvil,
se cumplía la ley
que alza y atrae los cuerpos y los funde.

Más tarde, con los años,
he vuelto a los lugares donde formas
la brisa y sé que en todas partes
ungías la ciudad,
               la desposabas
sobre el polvo sin duelo y te ofrecías
en todos los rincones, las plazas y los patios
donde me esperas siempre.

Siempre —sigue mi voz,
que desborda el poema—
escribiré tu nombre sobre el tiempo,
lo escribiré en el agua y en las rocas
y en las sombras oscuras de la tarde,
y sobre el aire en días luminosos.
   Nada puede evitar
que yo te pertenezca, que posea
la huella leve de tus labios,
tu don
de permanencia.

LA PERMANENTE AUSENCIA

Tu sombra me dio luz,
acarició mi frente,
se hizo cuerpo en mi boca.

JAIME SILES

I

Bajo grandes magnolios centenarios
y la bóveda oscura, alzada por la luz,
descubro los colores, tu presencia,
el polvo en los caminos marcados por la broza
en las noches benignas de septiembre,
y el peso de la sombra de tus pechos
de intensa gravidez.

Recuerdo bien tu rostro al evocarte,
la cintura, descrita por tu piel,
y tus pasos y enigmas
desde la duda y luz de tu existencia.

Cada noche tus labios
—polvo y viento—
fueron *cuerpo en mi boca,*
y el espacio que nace de tu vértigo oscuro
se llenó de esplendor. Tu plenitud,

que el tiempo ha detenido,
cubrió de azul y gris tu permanencia,
y nada pudo haber que alejara la sombra
—hueco y humo—
que hizo materia inerte tu existir.

II

Ya no humedecerán tu frente las gotas del rocío,
ni tendrás en tus manos la fragancia del tiempo,
ni la belleza de tu piel será tu infinitud.

¡Oscuridad y ausencia, el polvo y los enigmas!,
todo cuanto pervive en ti, después de ti.

III

Sigue el viento que mueve las espigas, ¡oh, mar
de las espigas! Sigue la flor en la pradera, ¡oh, flor!

¡Oh, abismo del descenso de los gozos!, ¿cuánto
muestra el azul?
¿Cuánta palabra vana en blanca espuma?,
¿cuánta quimera se halla en cada ser?

Vuelvo hacia los magnolios, a buscar en los ecos
los días que tuvieron tu esplendor,
más allá de lo exangüe y el olvido.

LIBRO TERCERO:
LIBERTAD CON DESTINO

I.
LA VIDA CADA DÍA

SOLSTICIO DE VERANO

A Elena Escribano Alemán

Despunta la mañana
su promesa de luz,
en este día intenso del solsticio
que desvela los campos y cerca la ciudad;
    muestra el camino de las dunas para sentir,
de forma irrenunciable,
lo salobre del mar, su viento ardiente y claro.

Todo el espacio entre las matas,
el azul y la arena
donde el calor enerva los sentidos
y aviva sensaciones, crea impulsos
hacia los descubiertos lechos del amor
o se vislumbra la pobreza: los lugares
donde alguien ha dormido en soledad.

El bordoneo oscuro, los insectos,
junto con la pasión o la indigencia,
mientras toda esta luz descubre
los diferentes tonos de las plantas
y bruñe el nácar negro de los escarabajos,
    convierte todo el mar
en un espejo cierto de azul pálido y verde.

La vida entera envuelve y dignifica
en este día intenso
que se alza y nos eleva con su luz;
  empuja los sentidos
sin poder evitar
la carcoma del tiempo que devora,
devasta en el olvido cualquier celebración.

EN LA DESPOSESIÓN

Y nosotros sabíamos, no obstante,
que estábamos perdidos,
hundidos en la tibia madriguera,
en el vergel viscoso de un instante.

CÉSAR SIMÓN

La nada es la extinción de todo cuanto existe,
lapso, tan por completo inabarcable,
como el de la totalidad; y al rededor
las infinitas cosas y universos que descubre
la vida:
        papelillos
de pequeños billetes en el suelo del tren
hacia la Malvarrosa —el poeta describe—,
y un viento de bochorno que cruza ventanillas
y puertas entreabiertas, sin descanso,
mientras,
sobre sus movimientos rítmicos,
el tren cruza las zanjas,
cauces, hoyas,
roza las buganvillas
y mece matorrales, trae
los intensos aromas del tomillo y nos brinda el calor.

No sabemos qué ocurre. Por qué el viento salobre
y el despiadado sol envuelven nuestra tez
y nunca es suficiente; nunca

todo el satén y el nácar de la naturaleza llevan
hasta la deseada plenitud.
                            Sigue
esta desposesión de lo que nos abarca
y no nos pertenece, el vértigo
entre la nada y la totalidad.

Restos de humedecida arena,
en caminos marcados por las dunas
que solo la profundidad de los sentidos
nos permiten intuir.
                            Declive y aire, ocaso,
temblor de lo que está y no medra, existe
cerca del fondo sucio de la luz.

II.

¿SOBRE UN SUELO MORAL?

PASIVOS O RECÍPROCOS

Las flores que se yerguen frente al sol
ceden
la reciprocidad de su belleza
a cambio del sustento de la luz;
y la memoria extiende visos
de una etapa anterior,
                    responde
al mundo del recuerdo y establece
el *quid pro quo* entre el tiempo
y nuestra brevedad.

Todo es recíproco
en la naturaleza y la memoria,
pero no en las conductas.
    Pasivos y educados, silenciosos, ausentes,
los que renuncian al ahínco
no entenderán jamás que el bien
ha de restituirse,
                    ser de nuevo
caudal que vivifique y reproduzca
los surcos del vigor.

Esta es la regla máxima,
la regla de las reglas cuando añade
y eleva el firmamento de los hombres
sobre su tierra oscura.
                              Crea
la insegura certeza de un progreso
que busca certidumbre.

FORMAS DE ANTINOMIA

Valen igual Serenidad y Vértigo,
pues las palabras están dichas desde la noche de la tierra.

Francisco Brines

No entenderemos la mesura
si nunca nos sedujo la pasión,
ni es posible gozar si no hay carencia.

Lo concreto, si existe y es finito,
es por lo ilimitado que lo abarca y contiene.
Aunque, si alcanzamos el bien,
deseamos que exista libre de todo mal,
con toda su pureza.
                              Esa pureza exacta
tan solo patrimonio de la simulación,
o del candor genuino que precede
cualquier forma de vida en plenitud; lejos
del permanente mestizaje de la naturaleza.

Así fue la tragedia. El doctor Jekyll
rechazó sus deseos y no pudo ennoblecer el Mal;
y Fausto desolado por dos infinitudes,
la del conocimiento y la del mundo, quedó absorto
por la dicotomía de Mefisto y la Luz.
Tal vez no supo ver en cada sombra testimonio, formas
de Oscuridad y de Esplendor.

Tal vez
nunca entendió las fuentes de lo humano, cómo
el Bien y el Mal descubren, disputan los anhelos.

LA VIDA INEVITABLE

*No sabemos qué ocurre
en las estancias y en las galerías
de nuestra soterrada identidad.*

ELOY SÁNCHEZ ROSILLO

I

No hubo pureza en el origen.
El barro originario que nos forma
nos mancha al mismo tiempo. Somos
materia erosionada en su substancia.

Pero una espuma blanca que procede
del tiempo evolutivo,
humedece las playas de la vida
y a veces nos salpica de pureza.

Es la mezcla obligada que nos forma.

II

Los vicios nos impulsan inquietantes,
proponen sin medida; y el deseo
ensancha el universo, inventa, crea
las formas en que ejerce su dominio.

III

Empapados de espuma evolutiva
queremos lo esencial:
que arraigue la pureza en cuanto existe,
construir inteligencia, comprender.

Pero a veces el vicio es sementera.
Sale de la pasión que nos impulsa
y explora los confines de la vida
para enlazar, quizás, con la virtud.

IV

Las manchas de la vida, inevitables,
se mezclan y atenúan la pureza.
Se descubre el dolor de ser persona,
la mezcla de la espuma con el barro.

Un barro que, tal vez, pone complejidad
en la extenuada vehemencia, fortalece
las mezclas necesarias,
las formas de la praxis que perduran.

III.

POR TODAS LAS MUJERES
Y LOS HOMBRES

EN SU NOMBRE

sabías que en la lucha
siempre es el hombre puro el que perece.

FRANCISCO BRINES

oh primavera
de la noche sin pobres,
sin pobreza,

PABLO NERUDA

En nombre de los hombres y mujeres
que duermen o durmieron en las eras,
los que recogen bayas y aceitunas
o dan su inteligencia en el trabajo,
la voz y la palabra.
  La solidaridad por quienes al nacer sintieron
señales de penuria, entre silbos del viento,
y acarició su cuerpo la aspereza,
la humedecida aurora
y el frío que dolía por la piel.
  En su nombre,
los nuevos brotes silenciosos del amor,
la promesa y la idea.

Todos,
puros y frágiles,
se aferraron al tacto y al dolor y comprendieron
el gesto de la voz, cuando se alza y sustenta.

Intentaron,
como hizo Prometeo,
tomar el fuego, amar sus elusivas mezclas
inestables, hilar la enmudecida luz y decidir
que no es ineluctable lo que el poeta afirma
cuando dice: *en la lucha,*
siempre es el hombre puro el que perece.

Pero es difícil o imposible
si no hablamos en nombre —en su nombre, también—,
de aquellos que al nacer tuvieron la abundancia.

Todos,
siempre,
desde cualquier estatus,
pasan por el jardín del Bosco o los cantos del Dante,
por el tapiz que teje y atraviesa humedecidas flores
y ramas aún flexibles, pobladas de hojas tiernas.

Bosques
de los concretos infinitos que componen la vida
y acogen en sus claros las muchachas esbeltas,
la admiración que arraiga
en el comportamiento noble.
   Sendas, aún desconocidas,
robusta fortaleza de los días que fueron elegidos
desde antes de elegir. Equidad, *primavera*
de la noche sin pobres, sin pobreza.

COMPLEJIDAD

Rocas como raíces de montaña, el mar,
la brillante o la sórdida materia. Llueve,
hay luz y oscuridad. Y justo en el momento exacto
en que la claridad decae, encuentro
lugares donde aún queda la esperanza,
la pasión devastada o redimida, lo benigno.

Queda el vigor,
como fuente e impulso de la vida,
como fuerza que inunda lo que somos y se viste
con la serenidad, para volverse humana.
El vigor y la pausa. Y el extendido azul que cubre,
se renueva y acuna lejanos infinitos.
                              Vuelve
esta complejidad de los contrarios
que solo si se unen forman vida, muestran
cómo la consunción forma el vigor. Hay rosas
en ramas intrincadas cuyos nudos
recuerdan los caminos que no pudieron ser;
mientras la ciencia afina imperturbable, forma modos
donde el hombre sustancia la razón, la fragmenta y divide.

La fuerza del vigor, solo el vigor envuelto en pausa,
en la serenidad y, siempre, en el linaje humano. Pero,
al mismo tiempo, cada vez,
complejidad que alcanza y nutre
los lugares de culto, los azules y regazos del mar,
la materia que incluye, bajo los nuevos brotes,
una escasa distancia a la vileza.

IV.
SALUDO Y HOMENAJE
A LA MATERIA

LA MATERIA

Wavering between the profit and the loss
In this brief transit where the dreams cross
The dream crossed twilight between birth and dying
T. S. Eliot

Todo son formas de materia, ecos
de vida plena en la espesura, barro
bajo el vigor y canto de las aves del mar.

Y en la voz de la espuma y de las olas,
sobre su abismo estremecido,
la vibración del aire y la palabra,
todo el caudal de la existencia.

En la materia están la infinitud y el límite,
los espacios huidizos y el acre olor a vida,
y *en este breve lapso cruzado por los sueños*
el ocaso soñado entre nacer y muerte.
La materia,
              que es frío y es negrura,
también es fuego y luz, y nos descubre
la plenitud más amplia en cada hueco
de su sustancia inagotable.

Lirios
de genes que despiertan, se levantan
y miran a la vida, forman
las praderas desnudas en su flor.

Lugares de esperanza y sufrimiento, de ceniza
cuando el tiempo termine.

Huele
la tierra oscura y húmeda
y el canto del amor rescata el universo,
forma y alza el sentido
de nuestra infinitud.

EINSTEIN

Aunque en la paradoja de partículas,
tal vez elementales, Einstein sueñe
que llegamos más tarde si nos apresuramos,
y que nada es tan rápido como la lentitud,
   sabe
que por más que sigamos a la luz,
o estemos en sus ondas para siempre,
la muerte nos espera sin demora.

Solo cambia el vigor, su forma diferente y desmedida.

LIBRO CUARTO:
FORMAS DE PERMANENCIA

I.

PERMANECE Y PERDURA

LAS FORMAS EN EL ARTE

Las formas guardan, en el arte,
desde el latir oscuro de la sombra
a la pasión más diáfana del día:
los afanes y empeños,
lo deleble y el culto, los espacios
que integran lo concreto junto al símbolo.

Las formas de la forma abarcan
vestigios del ahínco; la belleza de un fondo
que ve en la infinitud su certidumbre; vida
envuelta en su verdad a través de los siglos; cuerpos
cálidos llenos de materia y cultura; la bondad
de lo que el hombre abraza
bajo de la dureza de la piel. Todo ello, a veces,
redimido y salvado por el arte.

LAS FORMAS DE LA FORMA

Las formas de la forma, con el arte,
roban al infinito y al declive del tiempo
lo inmortal siempre oculto; queda en ellas
lo ignorado que se alza y resplandece
y muestra la raíz de cada hombre: todo
cuanto deviene sombra y luz, lo rechazado
o esperado y querido cada día.

Miro
esa pared envejecida y su pintura
que ha desconchado el tiempo, y veo
cómo en Antonio López
encuentra permanencia y dignidad,
   incorpora,
junto al honor
de haber sido creada
para albergar la vida, ese respeto
a la substancia misma con su luz,
y a la emoción del lienzo exacto
sobre lo que antes fue, o todavía es.

Las formas de la forma con su afán
por alcanzar la imagen.

O ambigüedad, formas abiertas
a la transformación humana; modos
de la pugna del hombre por la vida.
   Y desde ausentes simetrías, bronce
que intenta ser humano en Henry Moore,
o la *mujer sentada* de Picasso
que mira en la sorpresa con un ojo
y busca lo infinito,
mientras el otro encuentra y sufre.

Vuelvo, para sentir lo exacto,
a las precisas formas del Barroco
y encuentro transcendencia:
   la *Magdalena* de La Tour,
envuelta en su blancura y juventud, medita,
alumbra esa mirada inmóvil
perdida en una nada que lo es todo;
   mira, sin ver,
más allá del saber y la materia.

Todo se encuentra entre las formas
de lo que el arte anuda
al legar sentimientos.
Desde las uñas negras de Santiago el Menor
—la pasión de La Tour por la verdad—,
hasta la plenitud en lienzos de Ribera,
Murillo o Caravaggio donde
la luz lame las sombras,
                              busca
cubrir la incierta huella de lo humano,
lograr infinitud.

II.
DEGAS,
GIACOMETTI,
VELÁZQUEZ

MARIE, LA BAILARINA

In memoriam Marie van Goethem

*La escultura a la que está dedicado
este poema se encuentra en la entrada
del Musée d'Orsay, París.*[2]

Podemos observar algún matiz,
alguna diferencia de detalle
en la pequeña bailarina de Degas,
entre el bronce que muestran los museos
y la perfecta cera de su origen.

Pero la forma y brillo de sus pómulos,
toda la intensa perfección
que descubren su rostro y sus cabellos,
merecen ser absueltos por la luz:
    transcender la substancia
con el gesto del bronce que se yergue
para mostrarnos toda su firmeza
y su candor,
sobre esa oscuridad atávica, inquietante,
que habita y ensombrece la demora, el reposo
comedido y atento de su cuerpo.

---

2 Una excelente representación fotográfica de la escultura se halla en
las primeras páginas de *Degas. Passion and Intellect*, Henry Loyrette,
Thames & Hudson Ltd., London ([1993], 2010).

He visto su corpiño color ámbar,
el rosa de su lazo de satén anudado
a su trenza,
        y atada a su cintura
la vaporosa falda corta de muselina
beige, llena del vuelo de sus pliegues.
Miro en su piel, sus hombros y sus labios
la pátina de cárdeno y azul
de este bronce que muestra,
alguna vez,
el color de la muerte.
  La muerte redimida por el arte,
entre tanta perdida y olvidada
juventud de Marie,
la bailarina.

Indago y me pregunto cómo fue esa modestia
que exhibe fortaleza y plenitud,
con el mentón alzado, serena y arrogante.
        No sabría decir
cómo fue esa pureza, colmada de deseos,
el contenido anhelo que le prestó su fuerza
para dejar la huella de la vida,
ahora fundida en bronce.

BRONCE EN GIACOMETTI

In memoriam Alberto Giacometti.

*Poema basado en la exposición de
figuras de bronce de Alberto Giacometti
(Museo del Prado, 2019).*[3]

Por ventanas de luz y sin descanso
veo materia humanizada en el metal, esbelta y bella,
que abarca y da la vida en cada instante. Bronce,
junto a la piedra firme y sus espigas,
cuando los cuerpos salen de la tierra, en Giacometti,
y llevan marcas de la arcilla, soplo,
      sustento y sombra
del barro de lo humano entre la piel.

Y sobre los erguidos cuerpos, caras
por las que ya pasaron apremios y emociones
que todavía están y permanecen.
                              Nos descubren
cualquier variada forma de la vida y de la carne,
su determinación, la hondura desde el gesto,
una tristeza.

---

3 Edición fotográfica de Carmen Giménez, Museo del Prado, Madrid, 2019.

Sus esculturas muestran toda la delgadez, lo abrupto
que recorre sus piernas y sus brazos,
su cintura.
                    Mujeres de labios y mejillas pétreos
despojadas de todo, menos de lo que las conforma
como hembras de gesto inteligente.
                                        Su existir
de pálpito salobre y dulce levantado
sobre lo áspero y tierno de la piel,
desde la carne densa en cada espiga.

Quedan,
              y permanecen,
desparramados senos generosos y las amplias
caderas de la vida, restos
del barro originario
en esta alegoría del hombre y la materia
donde las emociones perseveran, modifican
la piedra demudada en la firmeza, unen
espacio y forma,
honestidad y transcendencia sin final.

VELÁZQUEZ

Allí está todo su amor a las formas
distinguidas. Allí todo su amor a la
sencillez y desvío de lo amanerado.

JOSÉ MORENO VILLA[4]

I

En Sevilla, ciudad de los dos mundos,
serenidad del cielo y de la luz
sobre la casa de Velázquez.
                    Frente al balcón,
en la calle empedrada, claridad y penumbra
mientras la oscuridad socava el día, desdibuja los muros
y envuelve los espacios
durante la oración de vísperas.

II

En sus primeros años, Diego
mira absorto el recodo donde la luz corta la sombra,
halla la nitidez, descubre
remedos de contornos y figuras;
al tiempo que en sus manos

---

4 José Moreno Villa, *Velázquez*. Casimiro Libros, Madrid, 2015.

se asientan los sentidos,
gravitan las ideas tamizadas
por la Contrarreforma.

III

Huele la vida, escucha
campanas de San Marcos o Santa Catalina, mira
la cristiandad de los conventos y los hábitos;
   y es aquí donde,
como Da Vinci, intuye
lo que la transcendencia añade a los objetos y los seres:
la exactitud ambigua e imprecisa de todo cuanto existe.

Aunque no pudo ver el brillo y transparencia de la luz
de *El geógrafo* en Vermeer, siempre le acompañaron
el cielo azul y blanco de Sevilla y la experiencia viva
del carbón y el papel; del niño que practica
e insiste en su destreza.

IV

Después,
instalado en la Corte tras la visita a Italia,
aún saca con más fuerza dignidad
de la profundidad de su pintura, del linaje
del hombre y la mujer, en la mirada y en su porte.

De este modo admiramos
no la degradación que para algunos es
la representación de *Esopo*, sino la digna aceptación
de la tristeza y la verdad, como legados de la vida;
y en *Sebastián de Morra* o en *Juan de Pareja*,
aún mayor dignidad que en *Las Meninas* o en *Felipe IV*.
                            Pintará siempre
la misma mezcla inaprensible de lo concreto y lo infinito,
la misma honestidad, si recuerda al oscuro Caravaggio,
el color de Ticiano, o a la luz de Barbieri.

                            V

Diego Velázquez
está en la dignidad que sustancian los lienzos del Barroco,
en los brillos de luz sobre la sombra, en su verdad;
y encuentra transcendencia
junto a la exactitud borrosa, donde
la oscuridad descubre su perfil, los recodos y alféizares,
y se abre a la presencia de la luz
que libera y define.

EPÍLOGO DEL AUTOR

EL HILO BIOGRÁFICO: CIENCIA Y ARTE

El presente poemario recoge una selección de los poemas de este autor —selección propia— entre 2011 y 2024.

Antes de 2011 mi profesión consistía en investigación y docencia en la Universidad de Valencia, en las áreas de Economía, Organización y Empresa. Y aunque mi interés por el mundo sigue siendo el mismo después de 2011 —la racionalidad posible, las emociones y la vida—, la forma de aproximarme a la realidad y de expresar lo que veo en ella ha cambiado. La ciencia es analítica en sus procedimientos y trata de establecer relaciones causa-efecto —tanto las del mundo físico, como las biológicas y sociales—, mientras el arte, en sus diferentes procedimientos y formas creativas, tiene carácter sintético y global y añade las emociones y los sentimientos, las necesidades y los deseos del hombre, como materiales fundamentales para la creación.

La intuición y la emoción juegan un papel fundamental también en el campo de la ciencia, pero mientras aquí son motores que, en última instancia, deben ser conducidos por el conocimiento, en el mundo del arte deben formar parte de la expresión que se pretende lograr... Y debe ser así porque los sentimientos, las emociones, la intuición y la necesidad de transcender también son parte de la realidad.

La ciencia y la tecnología nos permiten conducir la vida, mientras que el arte, con sus múltiples dimensiones —desde las más artesanas y populares a las más sofisticadas—, nos puede llevar a sentir y crear, a refundar y construir. El arte puede hacer crecer los sentimientos que llevan a unas u otras formas de conducta, individuales y colectivas, y a unas u otras formas de gobierno de la sociedad y de la organización de la ciencia y sus aplicaciones. El arte, en suma, contribuye de forma decisiva a formar el suelo moral por el que camina la sociedad. ¡Arte!, la forma del dolor, la responsabilidad y el gozo.

Estas son las razones por las que me dejé llevar hacia la poesía, que siempre fue una inclinación natural en mí. Con ella —pienso—, con las palabras como crisol de la vida y, al mismo tiempo, como revelación e incentivo, puede contribuirse a mejorar la naturaleza del hombre y de cuanto nos rodea.

SOBRE EL POEMARIO AQUÍ PRESENTADO

El *Libro primero* recoge poemas de los últimos cuatro o cinco años con los que tengo, todavía, una relación de proximidad emocional y sensibilidad a lo que siento como *su belleza*. El primer poema de esta parte, *Llueven palabras*, expresa —como ha podido ver el lector— lo importante que son para mí las palabras como vehículo de la cultura, la razón y el sentimiento. Una herramienta para construir civilización.

Los poemas más bellos de esta primera parte —eso creo— quizá se encuentran en su apartado II, *Belleza y plenitud*, y el núcleo fundamental, en cuanto a contenido, corresponde a los apartados IV, V, VI. En ellos el lector ha podido ver la vida, la ciudad —esa increíble construcción humana—, las reglas que gobiernan nuestras vidas, el azar y el Azar, las bases sobre las que caminamos.

El *Libro segundo* contiene poemas de amor. Estos poemas, todos ellos, los escribí con el sentimiento a flor de piel y espero que la emoción que sentí entonces, y que se reproduce en mí cuando los leo, le haya llegado en alguna medida al lector. Estas emociones, cuando se viven directamente, pertenecen a las más intensas y completas que puedan experimentarse. Tres poemas destacados en esa plenitud —así lo siento—

son *El mar, el mar, Las prendas que atesoro te daré* y *La permanente ausencia*.

En el *Libro tercero* me parece especialmente destacable el apartado II, *¿Sobre un suelo moral?* El presente poemario camina sobre ese suelo filosófico y moral, y esto, que habrá sido percibido por el lector, me parece un aspecto destacable.

El *Libro cuarto*, dedicado al arte —pintura y escultura—, muestra mi admiración y mi sorpresa ante la capacidad del arte para eludir el tiempo y permanecer. Y también mi asombro cuando, como en *Giacometti* o en *Marie, la bailarina* de Degas, las figuras modeladas son, en sí mismas, un discurso tangible de la propia realidad concreta. La realidad modelada, en estos casos, nos dice más que todas las palabras que sobre ella pudiéramos decir. Las citas al principio de estos poemas pueden permitirle al lector ampliar su información sobre el tema tratado.

Fernando Peris
Valencia, 6 de mayo de 2024

ÍNDICE

Libro tercero: Libertad con destino

Libro cuarto: Formas de permanencia

Epílogo del autor